Descubro

LOS BICHOS

y aprendo a reconocerlos

Vincent Albouy

Laurianne Chevalier

algar

A los niños del Atelier Petit Gris
L. C.

Título original: *Je découvre les petites bêtes et j'apprends à les reconnaître*
© Millepages, 2016
Publicado por acuerdo con IMC Agencia Literaria
Traducción: Algar Editorial
Supervisión científica: Susanna Ligero
© Algar Editorial
    Apartado de correos 225 - 46600 Alzira
    www.algareditorial.com
Impresión: Índice

1.ª edición: marzo, 2019
ISBN: 978-84-9142-296-9
DL: V-219-2019

¿QUÉ ES UN BICHO?

Los insectos

Tienen el cuerpo dividido en tres partes, seis patas y a menudo dos o cuatro alas:

Dos alas transparentes

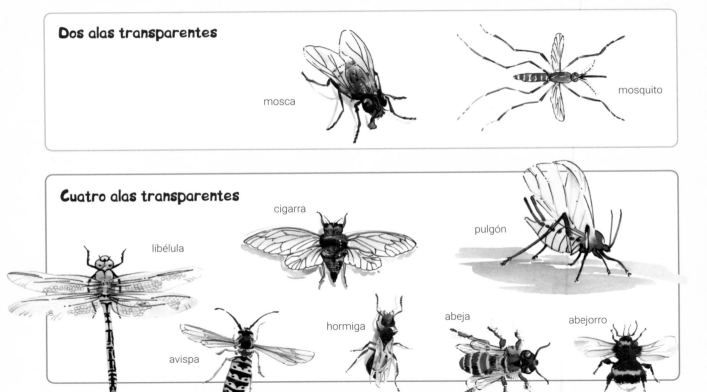

mosca

mosquito

Cuatro alas transparentes

cigarra

pulgón

libélula

avispa

hormiga

abeja

abejorro

4

Cuatro alas opacas y coloridas

macaón

pavón nocturno

Alas superiores duras y coloridas

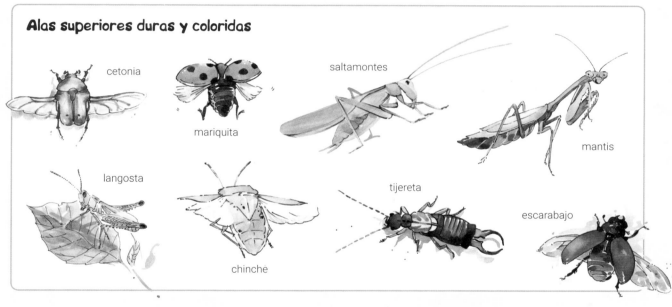

cetonia

mariquita

saltamontes

mantis

langosta

chinche

tijereta

escarabajo

Sin alas

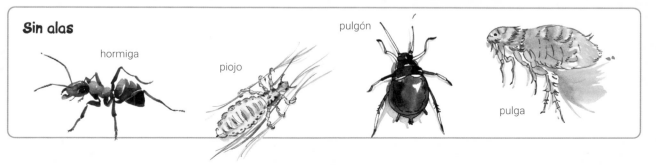

hormiga

piojo

pulgón

pulga

¿QUÉ ES UN BICHO?

Las lombrices o anélidos

Tienen el cuerpo de una pieza,
compuesto de anillos,
y no tienen patas.

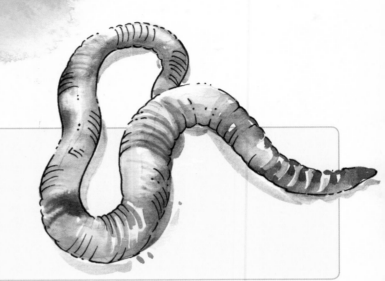

Los caracoles y las babosas

Tienen el cuerpo de una pieza, sin anillos ni patas.

Las cochinillas o crustáceos

Tienen el cuerpo de una pieza, compuesto de anillos, y catorce patas.

Los ciempiés o miriápodos

Tienen el cuerpo de una pieza, compuesto de anillos, y veinte o más patas.

Los escorpiones y las arañas o arácnidos

Tienen el cuerpo dividido en dos partes, y ocho patas.

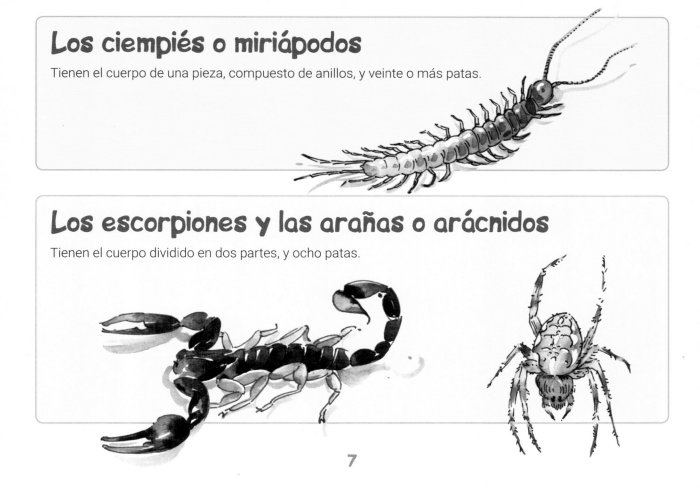

¿CÓMO COMEN LOS BICHOS?

Para comer, utilizas cubiertos y los dientes. ¡Los bichos no tienen cubiertos ni tampoco dientes! Pero pueden comer como tú y como yo gracias a unas herramientas sorprendentes.

Mandíbulas para triturar

Las cochinillas y la mayoría de los insectos, como las avispas, las hormigas, los saltamontes, las mantis, los escarabajos, las cetonias, las mariquitas ❶, las langostas ❷, las tijeretas o las libélulas, tienen mandíbulas. Les permiten cortar y masticar las hojas, las flores, las frutas, otros insectos, e incluso la madera, antes de tragarlos.

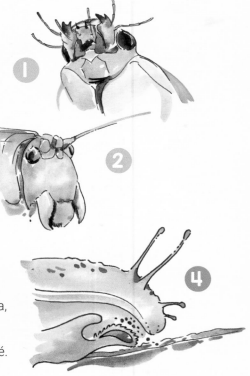

Una lengua para lamer

Las abejas ❸ y los abejorros, que beben el néctar líquido de las flores, y las moscas, que lamen las gotas de mermelada de la mesa, tienen lengua. La lengua de las babosas y de los caracoles ❹ es muy particular: es una especie de rallador que reduce las hojas a puré.

8

Una trompa para aspirar

Las mariposas **5** beben el néctar líquido y dulce
de las flores, como las abejas. Pero no lo lamen, sino que
lo aspiran desenrollando un tubo largo que tienen en la boca.
Hacen como tú, ¡beben con pajita!

Ganchos para perforar

Las arañas **6**, los escorpiones y los ciempiés tienen ganchos
puntiagudos que agujerean fácilmente la piel de los insectos
pequeños. Están vacíos como si fuesen tubos, lo que les permite
inyectar veneno y aspirar el alimento al mismo tiempo.

Un pico para picar

El pico es una especie de punta capaz de agujerear las plantas, para absorber la savia, o la piel,
para beber la sangre de los animales. De este modo, las cigarras **7** lo utilizan para penetrar en la
corteza de los árboles; algunas chinches **8** y los pulgones para picar los tallos, las hojas o los granos;
mientras que los mosquitos **9**, los piojos y las pulgas agujerean la piel para chupar la sangre.

Un orificio para absorber

La boca de las lombrices **10** es simplemente un orificio
que chupa y tritura el alimento.

¿CÓMO NACEN Y CÓMO CRECEN LOS BICHOS?

Tú has crecido en el vientre de tu madre, pero los bichos son como las aves: nacen en los huevos que ponen sus madres. Cuando la larva ha terminado de formarse, rompe la cáscara para salir. Pero todas las larvas no se forman del mismo modo.

Crecen continuamente

Los bebés de las lombrices, de los caracoles ❶ y de las babosas crecen como nosotros. Cuando nacen, ya se parecen a lo que serán en la edad adulta, pero en miniatura. ¡Los bebés caracol que salen del huevo ya tienen un caparazón en su espalda! Es tan fino que es transparente. Crecen poco a poco a lo largo de los días y de las semanas.

Crecen a trompicones

Las arañas, los ciempiés, las cochinillas y una parte de los insectos, como las langostas ❷, las libélulas, las cigarras, los saltamontes, las mantis, los pulgones, las chinches, los piojos y las tijeretas, tienen una cáscara dura que los protege. Esta piel no es elástica y, para poder crecer, tienen que abandonarla de vez en cuando: es la muda. Mientras la nueva piel esté blanda, podrán crecer, después esperarán hasta la siguiente muda para continuar creciendo hasta que lleguen a la medida adulta.

Se transforman

Otros insectos, como las mariquitas, las mariposas, las moscas, las abejas, los mosquitos, las avispas, las hormigas, los abejorros, los escarabajos, las cetonias y las pulgas, ¡nacen muy diferentes a como serán de adultos! Por ejemplo, de un huevo de mariposa sale... ¡una oruga! La última muda de estas larvas no origina un adulto, sino la ninfa: un ser inmóvil, una especie de huevo nuevo que se parece a una momia, a veces protegido dentro de un capullo de seda. La mariposa, la mariquita o la mosca saldrán de esta ninfa.

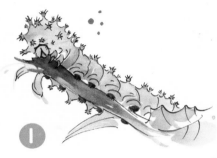
oruga de un pavón nocturno

capullo

pavón nocturno

oruga de macaón

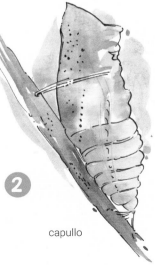
capullo

macaón

LAS AVISPAS

Insectos, cuatro alas transparentes

¿Dónde puedes encontrarlas?

Las avispas comunes construyen su nido con papel, a partir de fibras de madera mezcladas con saliva, de modo que no es muy resistente a la lluvia. A menudo se instalan a cubierto, en el agujero de un árbol, en una madriguera vacía o en un edificio.

¿Cómo puedes reconocerlas?

Las avispas son negras y amarillas. Este vestido tan característico hace que sean muy fáciles de reconocer.

Las avispas comunes son negras con líneas y dibujos amarillos en el cuerpo.

¿Cuál es su pequeño secreto?

Para defenderse pican, de modo que nadie se fía de ellas: ni tú, ni yo, ni los pájaros que se las pueden comer... Cuando se instalan en algún sitio, es mejor no molestarlas.

 ¿Cómo viven?

Las avispas comunes cazan moscas, orugas y otros insectos para alimentar a sus larvas. Las adultas prefieren el azúcar y liban las flores o muerden la fruta madura.

Descubre otras especies de avispas

Los avispones, primos hermanos de las avispas, son más grandes y tienen el tórax rojizo.

Las escolias son negras con cuatro manchas en la espalda. Son las avispas más grandes de nuestra región. Salen sobre todo a mediodía, por los campos y los jardines, buscando las larvas de los escarabajos rinoceronte para alimentar a sus larvas.

avispa común

escolias

¿Están en peligro?

Las avispas comunes y los avispones son menos numerosos que antes a causa de los insecticidas. Sin embargo, cuando vuelan sobre la mesa a la hora de comer, ¡siempre nos sacan de quicio!

Las escolias son poco frecuentes en el norte y más comunes en el sur, como los escarabajos rinoceronte que alimentan a sus larvas.

avispón

Ahora es tu turno: observa y aprende a dibujar una avispa.

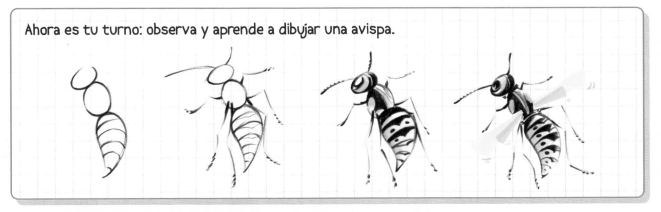

Truco de artista: puedes recortar las alas de tu avispa con papel de calcar.

LAS ABEJAS

Insectos, cuatro alas transparentes

¿Cómo puedes reconocerlas?

Las abejas tienen el cuerpo peludo y las patas traseras más largas para poder almacenar el polen que recolectan de las flores.

Las abejas melíferas son de color marrón oscuro con líneas de pelos más claros.

¿Dónde puedes encontrarlas?

Las abejas melíferas liban las flores sin parar para alimentarse, para alimentar a sus larvas y para acumular reservas de miel.

¿Cómo viven?

Las abejas melíferas salvajes anidan en los troncos vacíos de árboles viejos, en chimeneas abandonadas o en agujeros en las paredes. Pero la mayor parte de las colonias se establecen en colmenas para producir miel.

Su nido está formado por panales de cera, una unión de miles de celdillas. Las reinas ponen en determinadas celdillas y las abejas obreras crían las larvas. Los machos no trabajan: se dedican a fecundar a la reina.

Descubre una nueva especie de abeja

Existen centenares de especies de abejas que viven en solitario. Cada madre se ocupa de su nido y no hay obreras. La especie europea más grande es el abejorro carpintero, negro con reflejos azules.

¿Cuál es su pequeño secreto?

Las colonias de abejas melíferas no desaparecen durante el invierno, sino que viven al ralentí y se alimentan de las reservas de miel.

abejorro carpintero

¿Están en peligro?

A causa de los pesticidas, que las matan, de la desaparición de las flores salvajes, que hace que pasen hambre, y de las enfermedades y de los parásitos, que las debilitan, lo tienen muy mal.

Ahora es tu turno: observa y aprende a dibujar un panal de cera.

1

2

3

4

Truco de artista: dibuja los alveolos con un palillo y después píntalo con un lápiz de color amarillo. ¡Verás cómo aparece tu panal de cera!

LOS ABEJORROS

Insectos, cuatro alas transparentes

¿Cómo puedes reconocerlos?

Los abejorros son abejas grandes.

Los abejorros comunes son negros con dos rayas amarillas y con la punta del cuerpo blanca.

¿Dónde puedes encontrarlos?

Los abejorros liban continuamente las flores para alimentarse y sobre todo para alimentar a sus larvas. A veces anidan en el suelo, pero en general anidan en las madrigueras de los roedores pequeños.

¿Cómo viven?

Los abejorros viven en colonias con una reina, que es la única que pone huevos. Pero esta colonia desaparece en otoño y únicamente sobreviven las reinas jóvenes, que pasan el invierno dormidas en el musgo o bajo tierra.

¿Cuál es su pequeño secreto?

Como no necesitan reservas para el invierno, los abejorros solo almacenan un poco de miel para poder comer cuando el mal tiempo les impide salir.

Descubre otra especie de abejorro

Los abejorros de campo suelen anidar en el suelo, acumulando briznas de musgo para hacer una bola.

¿Están en peligro?

Puesto que los abejorros son un tipo de abeja, se encuentran en la misma situación que estas y por los mismos motivos.

abejorro de campo

LAS CETONIAS

Insectos, alas superiores duras y coloridas

¿Dónde puedes encontrarlas?

Las cetonias doradas también se llaman «escarabajos de las flores», ya que se sienten atraídas por el olor de las flores. Al final del verano, también disfrutan chupando el jugo dulce de la fruta madura.

¿Cómo viven?

Los adultos aprecian las flores y las frutas, pero las larvas viven en los montones de compost. Cuando han terminado de crecer, se fabrican un caparazón de tierra dura para protegerse.

Descubre otra especie de cetonia

Puedes ver a los escarabajos del sudario en las flores de la colza, son de color negro y tienen el cuerpo recubierto de manchas blancas simétricas.

escarabajo del sudario

¿Cómo puedes reconocerlas?

Las cetonias tienen un caparazón muy duro, el cuerpo aplastado y la parte delantera triangular.

Las cetonias doradas son de un verde metálico precioso.

¿Cuál es su pequeño secreto?

Cuando vuelan, no abren las alas de arriba, sino que sacan las de abajo a través de unas fisuras que tienen a los lados.

¿Están en peligro?

Las cetonias doradas y los escarabajos del sudario son muy comunes y se benefician del desarrollo del compost en los jardines.

17

LOS ESCARABAJOS

Insectos, alas superiores duras y coloridas

¿Cómo puedes reconocerlos?

Los escarabajos son insectos grandes que, como los caballeros de la Edad Media, están protegidos con una gruesa armadura. Algunas especies muy espectaculares tienen cuernos.

¿Dónde puedes encontrarlos?

Los ciervos volantes se encuentran en los límites de los bosques, en los matorrales y en los parques, y también en las cepas de árboles podridos alimentando a sus larvas.

Los cuernos de los ciervos volantes macho recuerdan a la cornamenta de los ciervos, de ahí su nombre.

¿Cómo viven?

Los ciervos volantes adultos no se alimentan, sino que sobreviven gracias a las reservas de grasa que acumularon cuando eran larvas. Los machos, que aparecen en verano, vuelan de noche alrededor de los tilos y de los castaños floridos, o salen a conquistar a las hembras, que son más discretas, ya que no tienen cornamenta. Ellas son las que buscan los troncos podridos para poner sus huevos. Las larvas crecen durante varios años alimentándose del humus hasta convertirse en adultas.

¿Cuál es su pequeño secreto?

Como los ciervos, los ciervos volantes macho pueden pelearse, cuernos contra cuernos, para conquistar a una hembra. El perdedor acaba patas arriba.

Descubre otra especie de escarabajo

Los ciervos volantes se encuentran entre los insectos más grandes de Europa junto con los escarabajos rinoceronte. Estos también vuelan en las noches de verano. Sus larvas viven en la tierra y se alimentan de hojas y de madera podrida. A veces los verás en los montones de compost.

escarabajo rinoceronte

¿Están en peligro?

Aunque en el norte son menos numerosos, en el sur siguen siendo comunes.

Ahora es tu turno: observa y aprende a dibujar un escarabajo.

LAS MARIQUITAS

Insectos, alas superiores duras y coloridas

¿Cómo puedes reconocerlas?

Las mariquitas son casi redondas y tienen el cuerpo muy abombado. Las especies más grandes están marcadas con puntos, manchas y diseños con colores variados, a menudo muy vivos.

Las mariquitas de siete puntos son blancas y negras en la parte delantera, y rojas con siete puntos negros en la parte trasera.

¿Cómo viven?

Las mariquitas de siete puntos y sus larvas comen pulgones. Reconocerás sus larvas gracias a su silueta aplastada y a su cuerpo oscuro adornado con cuatro manchas de color naranja. En invierno, las adultas se esconden en el musgo y debajo de las hojas muertas a la espera de que vuelvan los pulgones.

¿Dónde puedes encontrarlas?

Las mariquitas de siete puntos se encuentran en la hierba, en las ortigas y en otras plantas bajas, no suelen encontrarse en los árboles ni en los arbustos.

mariquitas asiáticas

Descubre otra especie de mariquita

De todas las mariquitas que se encuentran en nuestra región, las mariquitas asiáticas multicolor, recientemente introducidas desde China, son las más grandes. Es fácil reconocerlas gracias al dibujo en forma de M que tienen en la cabeza. Los colores y los motivos de sus alas duras varían tanto que no son nada útiles a la hora de identificarlas.

¿Cuál es su pequeño secreto?

Para defenderse, las mariquitas utilizan su sangre, que sabe muy mal. Cuando un pájaro las atrapa, las escupe inmediatamente.

¿Están en peligro?

Las mariquitas todavía son comunes. Sin embargo, en algunos sitios, las mariquitas asiáticas multicolor han ocupado el lugar de las mariquitas de siete puntos y también el de otras especies europeas, que se han vuelto mucho más escasas.

Ahora es tu turno: observa y aprende a dibujar una mariquita.

Truco de artista: utiliza una moneda para dibujar unos círculos perfectos.

LOS PULGONES

Insectos, cuatro alas transparentes
o sin alas

¿Dónde puedes encontrarlos?

Los pulgones negros viven durante la primavera
y el verano en las verduras cultivadas y en las
plantas salvajes. Cuando llega el mal tiempo,
se refugian en los boneteros, un tipo de arbusto
que se encuentra en los matorrales y en los
bosques.

¿Cómo viven?

Los pulgones viven en colonias en las plantas, de
donde extraen la savia con su pico. Únicamente
los individuos provistos de alas pueden cambiar
de planta. A menudo, las hembras no ponen
huevos, sino que dan a luz a larvas vivas.

pulgones del rosal

¿Cómo puedes reconocerlos?

Los pulgones son minúsculos, tienen
el cuerpo redondo y dos cuernos pequeños
en la parte trasera.

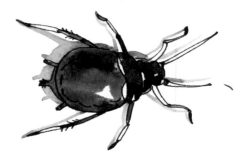

Los pulgones negros son de este color
con algunas manchas blancas en la espalda.

Descubre otra especie de pulgón

Los pulgones del rosal, de color verde y rosa,
viven en los rosales de los jardines.

¿Están en peligro?

Al contrario, algunos pulgones son muy
numerosos, ya que son resistentes a los
pesticidas que se utilizan contra ellos.

LOS PIOJOS Y LAS PULGAS

Insectos, sin alas

¿Cómo puedes reconocerlos?

Los piojos son insectos minúsculos y aplastados, con patas provistas de garras que les permiten agarrarse a los pelos o a los cabellos.

Con sus largas patas, las pulgas son capaces de saltar de un animal a otro.

¿Dónde puedes encontrarlos?

Los piojos humanos viven en nuestras cabezas y se alimentan de nuestra sangre.

Las pulgas del gato viven entre el pelaje de estos animales y a veces nos pueden picar.

¿Cómo viven?

Los piojos perforan nuestra piel con el pico para chuparnos la sangre. Son estas picaduras las que nos producen picor. Las pulgas chupan la sangre de los mamíferos y de las aves para alimentarse.

Descubre otras especies de piojos y de pulgas

Existen numerosas especies de piojos y de pulgas, pero no nos atacan a nosotros. El erizo, por ejemplo, que no se puede rascar a causa de sus púas, ¡es un verdadero saco de pulgas!

¿Están en peligro?

Por desgracia, no. ¡A veces es difícil deshacerse de ellos!

LAS LOMBRICES

Anélidos

¿Cómo puedes reconocerlas?

Las lombrices no tienen patas. Tienen el cuerpo formado por anillos que se encogen y se estiran para permitirles avanzar.

Reconocerás a las lombrices rojas gracias a sus anillos rojos y amarillos.

¿Dónde puedes encontrarlas?

Las lombrices rojas se encuentran en los estercoleros y en los montones de compost. En la naturaleza, se encuentran en las cubiertas de hojas muertas.

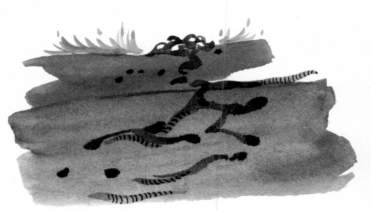

¿Cómo viven?

Las lombrices rojas comen hojas muertas. Adoran las hojas mustias de las ensaladas, las mondaduras de las verduras y los papeles que pones en el compost. Gracias a su tarea, estos deshechos se transforman en el humus que nutre las plantas del jardín.

Descubre otra especie de lombriz

Seguramente conoces las lombrices, de color gris o rosa. No viven en el compost, sino en la tierra, donde excavan galerías. Algunas de ellas expulsan la tierra que comen a la superficie del suelo. Esta tierra forma una especie de salchicha, como cuando apretamos un tubo de pasta de dientes.

lombriz

planaria terrestre

¿Cuál es su pequeño secreto?

Para poder moverse mejor, las lombrices están recubiertas de un material viscoso. ¡Intenta coger una y verás cómo se te escapa de entre los dedos!

¿Están en peligro?

Las lombrices todavía son numerosas, pero en algunas regiones, las planarias terrestres llegadas desde Australia y Nueva Zelanda las devoran y su población ha disminuido considerablemente.

Ahora es tu turno: observa y aprende a dibujar una lombriz.

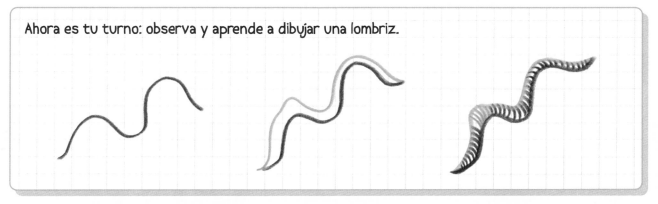

Truco de artista: aprieta más o menos fuerte con el lápiz para dar relieve a tu lombriz.

LOS CARACOLES Y LAS BABOSAS

Moluscos

¿Cómo puedes reconocerlos?

Los caracoles y las babosas tienen el cuerpo musculoso y sin anillos. Los caracoles son babosas con caparazón, y las babosas son... ¡caracoles sin caparazón!

El caracol común tiene el caparazón oscuro con manchas claras.

¿Dónde puedes encontrarlos?

Verás a los caracoles comunes en la hierba, en los matorrales y a veces en medio de un camino después de haber llovido. Son fáciles de atrapar, porque dejan un rastro plateado a su paso.

¿Cómo viven?

Los caracoles comunes comen hojas tiernas. Como no tienen patas, se desplazan sobre su vientre y, para poder deslizarse más fácilmente, producen una sustancia viscosa llamada baba, que deja un rastro en el suelo. Si llueve, es una fiesta para los caracoles, ya que se pueden mover más fácilmente. Si el clima es muy seco, se esconden en su caparazón.

Descubre también a las babosas

La mayoría de las babosas son muy pequeñas y viven de noche, de día se esconden. Las dos especies de babosas más grandes de Europa, que a veces son incluso más largas que tu mano, son *Arion lusitanicus*, de color negro o rojo, y *Limax cinereoniger*, de color entre marrón y gris con manchas y rayas negras. Viven como los caracoles comunes.

Arion lusitanicus

Limax cinereoniger

¿Cuál es su pequeño secreto?

Tienen los ojos al final de cuatro tubos pequeños que se esconden dentro de la cabeza cuando tienen miedo.

¿Están en peligro?

Las babosas todavía son numerosas, ¡sobre todo cuando se comen todas las verduras! ¡Lo que no hace ninguna gracia! Los caracoles comunes se recogen, ya que son comestibles. Esta recolecta solo está autorizada en determinados momentos del año para permitirles que se reproduzcan.

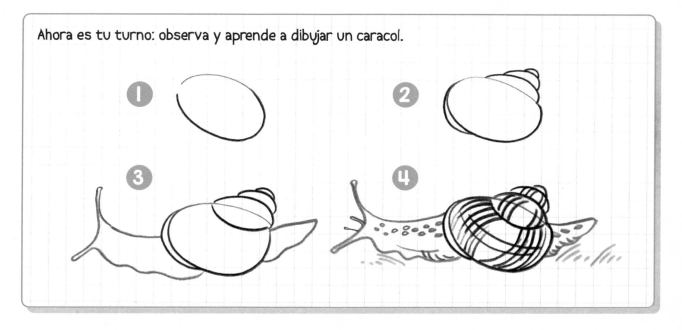

Ahora es tu turno: observa y aprende a dibujar un caracol.

1

2

3

4

LAS ARAÑAS

Arácnidos

¿Dónde puedes encontrarlas?

Las arañas de jardín son una especie de araña muy común que se encuentra en el campo y en los jardines. Teje enormes telarañas en los matorrales y en la hierba.

¿Cómo viven?

Las arañas de jardín comen los pequeños insectos vivos que atrapan. Construyen su telaraña durante la noche. De día, escondidas, esperan el momento en el que un insecto volador se acerque y se quede enganchado. Y entonces corren a por su comida.

¿Cómo puedes reconocerlas?

Las arañas tienen el cuerpo dividido en dos partes y está sustentado por ocho patas. En la boca tienen unos grandes ganchos.

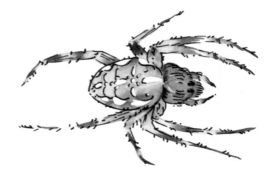

Reconocerás a las arañas de jardín gracias al dibujo en forma de cruz blanca que tienen en la espalda.

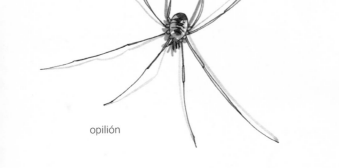

opilión

Descubre otra especie de araña

Las arañas son muy numerosas en la naturaleza, pero también en las casas. Los opiliones son arañas raras, tienen el cuerpo redondo y unas patas inmensas. Viven en la hierba, que recorren lentamente en busca de pequeños insectos que comer.

¿Están en peligro?

Las arañas todavía son habituales.

LOS ESCORPIONES

Arácnidos

¿Cómo puedes reconocerlos?

Tienen dos pinzas enormes, ocho patas y una cola dotada de un aguijón. Ningún otro animal tiene este aspecto de guerrero.

Los escorpiones negros son de este color ¡y tienen la punta de la cola amarilla!

¿Dónde puedes encontrarlos?

A los escorpiones negros les gusta la sombra de las piedras y de los arbustos que se encuentran en los matorrales y en los montes bajos del sur de los países mediterráneos. También se instalan en los muros de los jardines y en las casas viejas.

¿Cómo viven?

Los escorpiones negros se esconden durante el día. Cuando se pone el sol salen a cazar cochinillas, cucarachas y otros insectos a los que pueden picar con su aguijón. Su picadura es inofensiva para los humanos.

¿Están en peligro?

Los escorpiones todavía son habituales.

Descubre otra especie de escorpión

La especie más común en el sur de los países mediterráneos es el escorpión amarillo. Su picadura es mucho más dolorosa y peligrosa que la del escorpión negro. Por suerte, únicamente viven en las garrigas.

escorpión amarillo

LAS HORMIGAS

Insectos, cuatro alas transparentes
o sin alas

¿Cómo puedes reconocerlas?

La mayoría de las hormigas no tienen alas, pero todas tienen antenas dobladas en forma de codo en la cabeza.

Las hormigas rojas de la madera tienen el cuerpo de color rojo, con la cabeza y la parte posterior de color marrón.

¿Dónde puedes encontrarlas?

Las hormigas rojas de la madera viven en los bosques, donde construyen un nido grande en forma de cúpula acumulando pequeñas briznas de plantas. Para ello, les gustan especialmente las agujas caídas de los árboles resinosos.

¿Cómo viven?

Las hormigas rojas de la madera viven en colonias. Muchas reinas cohabitan y ponen los huevos. Son las madres de las hormigas obreras, que no tienen alas. Y también son las madres de las reinas jóvenes y de los machos alados, que alzan el vuelo durante determinadas épocas del año para dispersarse y formar nuevas colonias. Estas hormigas cazan otros insectos para alimentarse, sobre todo orugas.

hormiga roja de la madera,
reina alada

30

¿Cuál es su pequeño secreto?

Desconfía cuando te aproximes a un hormiguero de hormigas rojas de la madera, porque se defienden vaporizando ácido fórmico en el aire, que es una sustancia que quema e irrita los ojos.

hormiga amarilla

Descubre otras especies de hormiga

Las hormigas amarillas edifican cúpulas de tierra en la hierba, parecidas a las toperas. Las reconocerás gracias a las briznas de hierba que las atraviesan.

Las hormigas rojas construyen su nido en el suelo, ya sea en el campo o en los jardines. Están dotadas de un aguijón, de manera que evita sentarte sobre su nido ¡o enseguida notarás sus picaduras!

hormiga roja

¿Están en peligro?

La mayoría de las hormigas todavía son habituales.

Ahora es tu turno: observa y aprende a dibujar una hormiga.

Truco de artista: anímate a dejar tus huellas con pintura de dedos para representar el cuerpo de las hormigas.

31

LOS SALTAMONTES

Insectos, cuatro alas transparentes

¿Dónde puedes encontrarlos?

Los saltamontes viven en la hierba alta y en los matorrales bajos. Los encontrarás en los prados, en los eriales, en los matojos y a veces en los jardines.

¿Cómo viven?

Los saltamontes cazan todos los bichos que pueden atrapar mientras circulan por las plantas. No saben volar, y si los molestas, se escapan de un salto rápido. A veces también los puedes encontrar gracias a su canto, que es una especie de chirrido producido por la fricción de sus alas, ¡parecido al sonido de una sierra cortando madera!

¿Cómo puedes reconocerlos?

Los saltamontes tienen las patas traseras largas y muy musculosas, lo que les permite saltar. Se diferencian de las langostas, sus primas hermanas, por sus largas antenas.

Los saltamontes más comunes son de color verde claro con un toque de marrón en la espalda.

Saga pedo

Descubre otra especie de saltamontes

El llamado *Saga pedo* es el saltamontes más grande de Europa. Se encuentra en algunas zonas de la península Ibérica. ¡Algunas hembras pueden llegar a medir más de diez centímetros de largo! Los muslos de sus patas traseras son muy largos, pero muy delgados, como si fuesen zancos doblados.

¿Cuál es su pequeño secreto?

Las hembras tienen en la parte trasera del cuerpo una especie de sable que les permite poner los huevos.

¿Están en peligro?

La mayoría de los saltamontes son comunes, pero los *Saga pedo* y otras especies están amenazadas hasta el punto de que están protegidas por la ley.

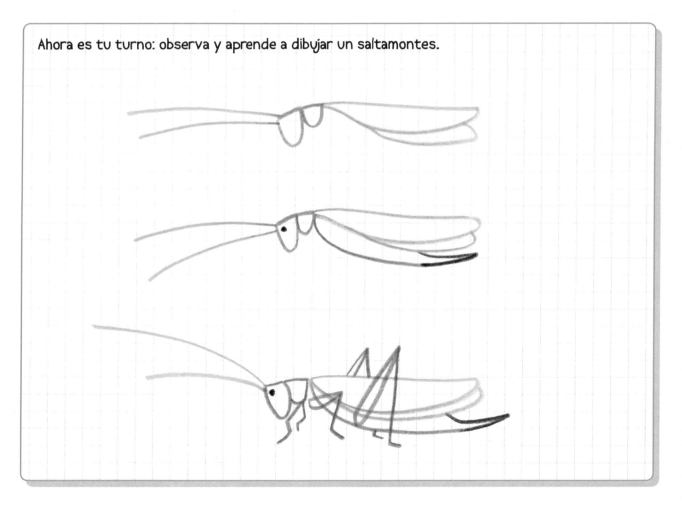

Ahora es tu turno: observa y aprende a dibujar un saltamontes.

LAS LANGOSTAS

Insectos, alas superiores duras y coloridas

¿Dónde puedes encontrarlas?

Las langostas se encuentran en los prados,
en los eriales y en los márgenes de
los caminos.

¿Cómo viven?

Las langostas son herbívoras y pasan su vida
en la hierba, donde se esconden y se alimentan.
Cuando caminas sobre la hierba, las puedes ver
huyendo de un gran salto.

Descubre otra especie de langosta

Existe más de un centenar de especies diferentes
de langosta en nuestras tierras.
La más espectacular es la langosta egipcia,
que se encuentra en los países mediterráneos del
sur. Las hembras pueden llegar a medir
más de seis centímetros de largo.

¿Cuál es su pequeño secreto?

El canto de las langostas es sinónimo de verano y
de buen tiempo.

¿Cómo puedes reconocerlas?

Como los saltamontes, las langostas tienen
las patas traseras muy largas para poder saltar,
pero sus antenas son más cortas
y las hembras no tienen sable.

Las langostas *Chorthippus parallelus*
son pequeñas y tienen un color que varía
entre el verde y el marrón.

¿Están en peligro?

La mayoría de las langostas todavía son
numerosas, pero algunas especies, más escasas,
están protegidas por la ley.

langosta egipcia

LAS CIGARRAS

Insectos, cuatro alas transparentes

¿Dónde puedes encontrarlas?

Las cigarras comunes se encuentran en el sur de Europa. Cantan en los pinos y en los olivos. ¡Son los insectos de las vacaciones!

¿Cómo viven?

Las cigarras comunes chupan la savia de los árboles para alimentarse. Los machos emiten un canto estridente y entrecortado, y las hembras ponen los huevos en los tallos tiernos de algunas plantas.

¿Cuál es su pequeño secreto?

Mientras que los saltamontes, las langostas y los grillos producen sonidos mediante sus alas, las cigarras utilizan una membrana que tienen situada debajo del abdomen.

Descubre otra especie de cigarra

Algunas especies de cigarra, como las cigarras rojas, se aprovechan del cambio climático para viajar al norte.

¿Cómo puedes reconocerlas?

Las cigarras son insectos grandes con el cuerpo largo. En reposo, doblan las alas sobre este.

Observa las alas de la cigarra común: están marcadas con pequeñas manchas oscuras.

cigarra roja

¿Están en peligro?

Las cigarras todavía son comunes, pero pueden escasear en las zonas del sur a causa de los incendios.

LAS MANTIS

Insectos, alas superiores duras y coloridas

¿Cómo viven?

Las mantis religiosas cazan otros insectos. Permanecen inmóviles en las briznas de hierba o en las ramas, con las patas delanteras recogidas, y se vuelven invisibles gracias a su color verde. Si una mosca, una mariposa o cualquier otro insecto grande se aproxima, las mantis religiosas estiran repentinamente las patas para atrapar a su presa, se la acercan a la boca, y a comer. Las hembras ponen los huevos a cubierto, en una especie de paquete espumoso llamado «ooteca». .

¿Cómo puedes reconocerlas?

Con su cuerpo recto casi en vertical apoyado sobre las cuatro patas traseras, y sus patas delanteras recogidas en el pecho, las mantis no se parecen a ningún otro insecto.

Las mantis religiosas son de un verde muy bonito, a veces con matices marrones.

¿Dónde puedes encontrarlas?

Las mantis religiosas viven en las zonas con hierba y matojos, como las garrigas, los eriales, los prados o en los límites de los matorrales.

¿Cuál es su pequeño secreto?

Aunque resulte extraño para un bicho, las mantis pueden mover el cuello y girar la cabeza, ¡y también son capaces de ver qué pasa detrás de ellas sin girar el cuerpo!

empusa adulta

empusa joven

Descubre otra especie de mantis

En los países del sur viven las empusas, que reconocerás gracias al sombrero puntiagudo que llevan en la cabeza. Las empusas jóvenes se agarran a los matorrales y su ooteca es más pequeña que la de las mantis religiosas.

¿Están en peligro?

Las mantis todavía son habituales, y también se aprovechan del cambio climático para viajar al norte.

Ahora es tu turno: observa y aprende a dibujar una mantis.

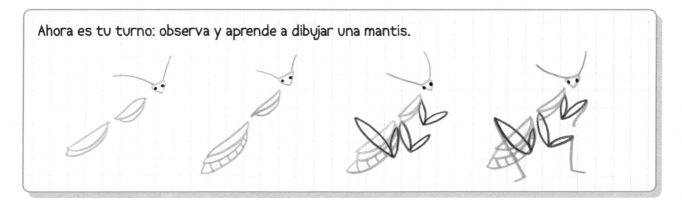

37

LAS LIBÉLULAS

Insectos, cuatro alas transparentes

¿Dónde puedes encontrarlas?

Las libélulas emperador se encuentran entre las libélulas más grandes de nuestra región: miden once centímetros de un extremo al otro de sus alas. Son fáciles de ver por todos lados, pero sobre todo cerca del agua, donde viven sus larvas. Un simple charco en el jardín les sirve.

¿Cómo puedes reconocerlas?

Con su cuerpo largo y delgado y sus cuatro alas en la espalda, las libélulas son muy fáciles de reconocer hasta de lejos.

El cuerpo de las libélulas emperador es negro, azul por encima y verde a los lados.

¿Cómo viven?

Las libélulas emperador, como todas las libélulas, cazan al vuelo otros insectos. Una vez que han atrapado a su presa, se apoyan en alguna superficie para comérsela. Las hembras ponen los huevos en el agua, donde las larvas crecen y cazan otros insectos, pero también renacuajos y peces pequeños.

Descubre otra especie de libélula

Las libélulas emperador forman parte de los «anisópteros», que son insectos que no pueden doblar las alas. El caballito del diablo, con su delicado cuerpo de color azul y negro y muy común en las zonas próximas al mar, forma parte del grupo de los «zigópteros», que sí que pueden doblar sus alas cuando están en reposo.

caballito del diablo

¿Cuál es su pequeño secreto?

Las libélulas tienen los ojos redondos y muy grandes. Tienen una visión excelente, hasta el punto de que ¡pueden ver detrás de ellas sin girar la cabeza!

¿Están en peligro?

Las libélulas están menos extendidas que antes, porque los ríos están contaminados y muchos estanques se utilizan para el ganado. Para ayudarlas, puedes construir un estanque en tu jardín.

Ahora es tu turno: observa y aprende a dibujar una libélula.

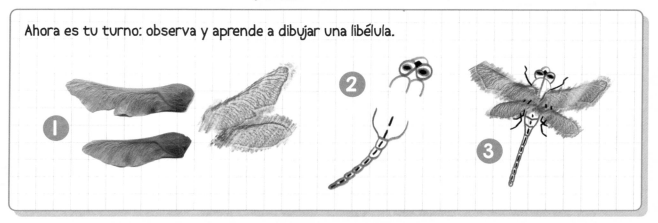

Truco de artista: puedes utilizar el fruto del arce (la sámara) para dibujar la forma de las alas. Lo puedes calcar colocándolo debajo del papel.

LAS CHINCHES

Insectos, alas superiores duras y coloridas

¿Dónde puedes encontrarlas?

Las chinches verdes se encuentran en la hierba y en los matorrales, donde son difíciles de distinguir gracias a su color. En invierno se acercan al suelo, se refugian en árboles vacíos e incluso en los edificios.

¿Cómo viven?

Las chinches verdes son herbívoras y pican las plantas con su pico para chupar la savia.

¿Cuál es su pequeño secreto?

¡Las chinches segregan un líquido que huele muy mal!

Descubre otra especie de chinche

Los zapateros o chinches de la malva son otra especie de chinche. Son negros y rojos y a menudo viven en grupo en el suelo, en los troncos de los tilos y en las plantas. Se alimentan de semillas jóvenes y de insectos muertos.

¿Cómo puedes reconocerlas?

Las chinches tienen el cuerpo aplastado y colorido.

Las chinches verdes, por ejemplo, son verdes en verano y se vuelven grises y marrones durante el invierno.

chinche de la malva

¿Están en peligro?

Las chinches todavía son habituales.

LAS TIJERETAS

Insectos, alas superiores duras y coloridas

¿Dónde puedes encontrarlas?

Las tijeretas viven de noche, buscando su alimento en la tierra, en la hierba o en los árboles. De día, gracias a su cuerpo aplastado, se refugian en una grieta, debajo de una piedra o debajo de una corteza.

¿Cómo viven?

Las tijeretas no son nada remilgadas y comen todo lo que encuentran: una hoja tierna, una flor, insectos pequeños... ¡e incluso otras tijeretas!

¿Cuál es su pequeño secreto?

Las hembras son madres atentas: limpian y lamen los huevos hasta que eclosionan, y después protegen a sus larvas.

macho

¿Cómo puedes reconocerlas?

Las tijeretas tienen una pinza al final su cuerpo cuya forma diferencia al macho de la hembra.

hembra

Descubre otra especie de tijereta

Las tijeretas de la especie *Euborellia moesta*, negras y sin alas, son frecuentes en los países del sur. Puesto que no pueden trepar, viven en el suelo en los prados, en los eriales y en los campos.

¿Están en peligro?

Las tijeretas son menos numerosas que antes, pero todavía son habituales.

Euborellia moesta

LOS PAVONES NOCTURNOS

Insectos, cuatro alas opacas y coloridas

¿Dónde puedes encontrarlos?

Los pavones nocturnos viven en las lindes de los bosques, en los matorrales, en los huertos, en los parques y los jardines grandes donde crecen fresnos, endrinos, ciruelos y otros árboles que alimentan a sus orugas.

¿Cómo puedes reconocerlos?

Los pavones nocturnos, que no son pájaros, sino mariposas, se llaman así por las manchas redondas que tienen en las alas, que recuerdan a las plumas de la cola de los pavos. Son las mariposas más imponentes de Europa: pueden llegar a medir dieciséis centímetros de largo. Son tan grandes que, a veces, cuando vuelan de noche, ¡algunas personas los confunden con murciélagos!

¿Cómo viven?

Están activos de noche. Durante el día, se agarran a un muro, a un tronco o a un matorral. Las orugas, que pueden llegar a medir hasta doce centímetros de largo, son verdes con una especie de granos azules y peludos. Se encierran en un capullo para transformarse en mariposas.

¿Cuál es su pequeño secreto?

Los pavones nocturnos macho pueden olfatear a una hembra a quilómetros de distancia e ir a su encuentro volando.

Descubre otra especie de pavón nocturno

Los pequeños pavones miden la mitad que los pavones nocturnos. Los machos, de colores más vivos, vuelan durante el día buscando hembras. Estas solo salen de noche, y de día se esconden entre la vegetación. Sus orugas no miden más de seis centímetros y son verdes con granos amarillos o rosa con el borde negro.

pequeño pavón

¿Están en peligro?

Aunque no se encuentran en peligro, a causa de los pesticidas y de la iluminación de las farolas, los pavones nocturnos y los pequeños pavones son cada vez más escasos.

Ahora es tu turno: observa y aprende a dibujar un pavón nocturno.

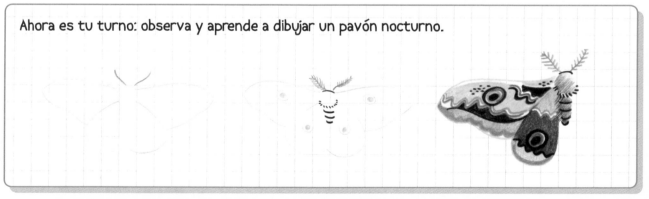

Truco de artista: pinta primero las dos alas de la izquierda y después copia el diseño en las alas de la derecha.

LOS MACAONES

Insectos, cuatro alas opacas
y coloridas

¿Dónde puedes encontrarlos?

Puedes ver a los macaones
volando en los prados y en los
jardines donde crecen las plantas
que alimentan a sus orugas:
la zanahoria y el hinojo.

¿Cómo viven?

Los macaones liban las flores para
alimentarse. Las hembras vuelan
alrededor de los hinojos y de las
zanahorias para poner los huevos.
Las orugas crecen rápidamente y,
aunque al inicio son blancas y negras,
enseguida se vuelven verdes con
manchas de color naranja.

¿Están en peligro?

Los macaones todavía son bastante
habituales, pero los podalirios,
víctimas de la tala de matorrales y de la
desaparición de los prados, son mucho
más escasos.

¿Cómo puedes reconocerlos?

Los macaones son mariposas diurnas grandes,
con manchas negras en las alas, y con una cola
en el extremo de las alas inferiores.

¿Cuál es su pequeño secreto?

Molesta a las orugas con un dedo y, para defenderse,
sacarán de su cuello una especie de lengua bífida de color
naranja o amarillo con un olor desagradable.

Descubre otra especie de macaón

Los podalirios se encuentran en
el campo y en los prados donde
abundan los endrinos, que
alimentan a sus orugas.

podalirios

44

LAS COCHINILLAS
Crustáceos

¿Cómo puedes reconocerlas?

Las cochinillas tienen el cuerpo formado por anillos recubiertos de un caparazón, como si llevasen una armadura articulada.

A menudo tienen sus catorce patas escondidas debajo del cuerpo.

Son de color gris y si las molestas se enrollan en forma de bola.

cochinilla

¿Dónde puedes encontrarlas?

Las cochinillas viven en el suelo, debajo de los muros y debajo de las cortezas.

¿Cómo viven?

Las cochinillas se alimentan de los restos de plantas muertas. Son nocturnas y de día se esconden en las grietas.

¿Cuál es su pequeño secreto?

Las cochinillas son crustáceos próximos a las gambas y a los cangrejos. Al igual que sus primos que viven en el agua, respiran a través de branquias. Solo pueden vivir en los lugares muy húmedos.

Descubre otra especie de cochinilla

Algunas cochinillas se encuentran cerca de los edificios y en el interior de las casas. Si ves muchas debajo de un fregadero, mala señal: ¡debe de haber una fuga de agua por algún sitio!

¿Están en peligro?

Las cochinillas todavía son comunes.

LOS MOSQUITOS

Insectos, dos alas transparentes

¿Dónde puedes encontrarlos?

Los mosquitos viven cerca de los seres humanos y sus larvas viven en el agua.

¿Cómo viven?

Los machos liban las flores para alimentarse, pero las hembras tienen que beber sangre para poder fabricar sus huevos. ¡Y les encanta la nuestra!

Descubre otra especie de mosquito

Los mosquitos tigre son originarios de Asia y han llegado hace poco al sur de Europa. Son diurnos, como nosotros. Antes, los mosquitos solo nos picaban por la noche, pero desde que ellos han llegado, ¡nos pican a todas horas!

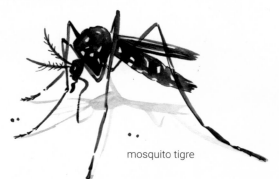

mosquito tigre

¿Cómo puedes reconocerlos?

Los mosquitos tienen el cuerpo delgado, las patas largas y una trompa. Los machos tienen dos antenas grandes y con plumas.

Los mosquitos comunes se reconocen gracias a su parte posterior, que es de color marrón con anillos blancos.

¿Cuál es su pequeño secreto?

Las picaduras del mosquito no son dolorosas, pero provocan picazón... ¡cuando ya se han escapado y no los podemos aplastar!

¿Están en peligro?

No, de hecho, tenemos que luchar contra ellos ¡para que no se reproduzcan en exceso!

LAS MOSCAS

Insectos, dos alas transparentes

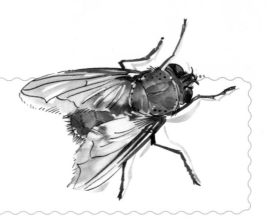

¿Cómo puedes reconocerlas?

Las moscas tienen dos ojos rojos y grandes
y unas antenas minúsculas.

Las moscardas de la carne son de color azul oscuro
con reflejos metálicos.

¿Dónde puedes encontrarlas?

Las moscardas de la carne son comunes en todos lados, ya que sus gusanos viven en los cadáveres de animales que se encuentran tanto en los bosques como en las ciudades.

¿Cómo viven?

Cuando hace frío, a las moscardas de la carne les gusta tomar el sol en un muro, en un tronco o en una hoja. Les encanta beber el néctar azucarado de las flores, ¡pero también lamen los excrementos frescos y los cadáveres sobre los cuales ponen sus huevos!

Descubre otra especie de mosca

Raramente verás a una mosca doméstica en el exterior. Prefieren volar en las casas, sobre todo en el campo, ya que sus gusanos viven en el estiércol. Les gusta tanto el azúcar que no es extraño verlas lamiendo las manchas de mermelada de la mesa.

¿Están en peligro?

Las moscas todavía son comunes, pero son menos numerosas que antes a causa de la evolución de las técnicas ganaderas: muchos ganaderos tratan el estiércol con insecticidas para evitar la proliferación de las moscas, que molestan al ganado y transmiten enfermedades.

mosca doméstica

LOS CIEMPIÉS

Miriápodos

¿Dónde puedes encontrarlos?

Los ciempiés se encuentran debajo de las piedras, debajo de las cortezas y en las grietas del suelo.

¿Cómo viven?

Los ciempiés cazan todos los bichos que encuentran en el suelo y bajo las piedras y las cortezas. Los muerden con los dos poderosos ganchos que tienen a ambos lados de la boca. No intentes atraparlos, porque sus mordeduras pueden hacerte daño a ti también.

¿Cómo puedes reconocerlos?

Algunas especies de ciempiés tienen centenares de patas, mientras que otros solo tienen unas veinte. Tienen el cuerpo formado por numerosos anillos, la mayoría dotados de patas.

Los ciempiés son de color marrón rojizo y tienen el cuerpo ancho y aplastado.

Descubre otra especie de miriápodo

Los milpiés se alimentan de las plantas muertas y se enrollan en forma de espiral cuando se sienten amenazados. Sus patas son más numerosas y más cortas que las de los ciempies. Cuando andan, parece que vayan sobre una alfombra con ruedas.

¿Están en peligro?

Los ciempiés todavía son especies comunes.

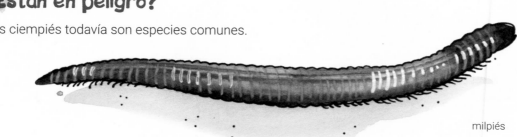

milpiés

48